LES ESCLAVES

DES COLONIES FRANÇAISES

AU CLERGÉ FRANÇAIS.

Dieu a fait naître d'un seul sang tout le genre humain, pour habiter
sur toute l'étendue de la terre.

(ACTES 17, 27.)

Souvenez-vous de ceux qui sont dans les chaînes comme si vous y
étiez avec eux ; et de ceux qui sont maltraités, comme étant vous-mêmes
du même corps.

(S. PAUL *aux Hébreux*, 13, 3.)

LES ESCLAVES

DES

COLONIES FRANÇAISES

AU CLERGÉ FRANÇAIS.

Amen dico vobis, quandiu fecistis uni ex his fra-
tribus meis minimis, mihi fecistis.

En vérité je vous dis, autant de fois que vous
l'avez fait a un des moindres de mes frères, vous
l'avez fait à moi-même.

(S. MATTH. 25, 40.)

PARIS,

IMPRIMERIE DE POUSSIELGUE,

rue du Croissant-Montmartre, 12.

1844

LES ESCLAVES

DES COLONIES FRANÇAISES

AU CLERGÉ FRANÇAIS.

A l'exemple de ses prédécesseurs, le souverain pontife a fait entendre sa voix ; Sa Sainteté a condamné l'esclavage ; et cependant nous gémissons encore dans les fers ! Pressés par la douleur, nous venons nous jeter à vos pieds, réclamer votre concours et votre appui ; nos très chers pères en Jésus-Christ, c'est à vous que, d'un cœur simple, nous nous adressons ; c'est à vous qu'il appartient d'intervenir en notre faveur, à vous qui savez parler à l'esprit et au cœur des hommes ; c'est à vous que nous nous adressons pour hâter de tous vos efforts l'heure de notre délivrance.

Par l'organe de ceux que la charité a faits nos mandataires en Europe, nous prenons humblement la liberté de remettre sous vos yeux la lettre apostolique de notre Saint-Père le Pape Grégoire XVI, sur notre triste position.

Mais hélas ! dans la consolation que le bref de Sa Sainteté nous apporte, il nous reste une triste pensée ! Jusqu'ici le mensonge, la ruse, la calomnie ont justifié aux yeux de ceux qui ne peuvent être témoins de nos maux, la plus odieuse des oppressions..... Par ces moyens infâmes, on nous représente comme indignes du bienfait que nous attendons en toute patience de la religion et de l'humanité ! On mêle une amère dérision aux tortures qu'on nous fait subir.....

On éloigne de nous toute instruction par mille moyens qu'il serait trop long de décrire, mais qu'il est facile de comprendre sous un régime barbare, dont la soif de l'or est la base... Et notre ignorance forcée, on la qualifie de stupidité !

On nous retient dans les doubles chaînes de l'esclavage matériel et spirituel, dans les souffrances du travail forcé, dans les châtiments d'un pouvoir arbitraire et inhumain. On nous contraint cruellement de voir sans cesse nos frères et nos sœurs, nos fils et nos filles, nos pères et nos mères vendus comme de vils animaux, livrés à différents maîtres, séparés pour toujours les uns des autres. On nous prive encore du droit de légitimer nos unions aux yeux des hommes et de Dieu, de jouir, comme tous les hommes, des douceurs de la famille !

On insulte sous nos yeux à la pudeur de nos vierges et de nos compagnes. on exerce sur elles d'infâmes violences ; on nous excite à la licence ou par un affreux calcul, ou pour satisfaire de honteuses passions... Soit en contrariant nos affections légitimes, soit en les souillant, on nous inspire de l'éloignement et du dégoût pour le saint état de la famille ; et ce dégoût on l'appelle inconstance ou déréglement.!...

On pressure notre corps depuis la plus tendre jeunesse ; la terre est couverte de nos sueurs et de notre sang exprimés tour à tour par un travail excessif ou par les châtiments qui l'accompagnent ; et si, le seul dimanche, jour de cessation de travail, qui nous est accordé, nous trouvons une heure pour reposer nos membres brisés par la fatigue, déchirés par le fouet... ce repos on nous l'impute à paresse !...

On ne nous laisse point la liberté de la plainte, ni celle de la supplication... on nous ferme la bouche avec l'instrument de notre supplice quotidien, et notre silence c'est l'insensibilité de nos maux !

Ainsi on nous ôte, en quelque sorte, le caractère d'homme ; on nous assimile à un vil bétail, pour continuer à nous soumettre, nous et nos enfants, aux traitements réservés aux bêtes de somme.

Ah ! que ne nous est-il donné de vous faire assister au spectacle déchirant de nos souffrances... de faire arriver jusqu'à vous les cris lamentables de ces milliers de patients de tout âge, de tout sexe, livrés chaque jour en spectacle dans une nudité révoltante, attachés à plat ventre sur la terre arrosée du sang de leurs frères, les pieds et les mains écartés et retenus par des piquets, afin, sans doute, de comprimer les mouvements convulsifs de la douleur, et dans cet état, flagellés jusqu'au sang pour les plus légères omissions, quelquefois pour avoir refusé de servir une passion honteuse ; souvent sur le caprice d'une femme sans pitié, ou d'un enfant qui sait à peine parler... toujours dans une cause ou l'oppresseur est juge et partie !... Comment vous dire les déchirements de nos entrailles lorsque étalés comme une marchandise, on nous examine comme des bêtes dont on fait trafic, et qu'ignoblement échangés contre de l'or, on nous arrache impitoyablement aux embrassements et aux caresses de nos enfants... Mais c'en est assez, la plainte de l'opprimé est toujours suspecte d'exagération... Veuillez donc vous tous qui n'avez point connu nos maux, veuillez recevoir le témoignage. le plus saint, le plus auguste qu'on puisse entendre sur la terre... Daignez écouter la voix du souverain Pontife, du Vicaire de Jésus-Christ..... de votre père et du nôtre..... la parole de ce représentant de la justice et de la vérité portera la conviction dans vos cœurs.... Vous ne pourrez point méconnaître nos maux extrêmes; vous vous associerez au zèle et à la compassion du chef de l'Église .... Vous nous aiderez auprès de Dieu par vos ferventes prières, auprès des hommes en leur faisant connaître nos douleurs, et nos gémissements, et en les éclairant sur l'étrange abus que nos oppresseurs font de leur puissance.

La mission de notre divin Sauveur n'a pas encore reçu parmi nous son accomplissement : nous demandons. à entrer dans la vie sociale et religieuse, comme hommes et comme chrétiens. Nous vous demandons aujourd'hui, à genoux et avec larmes, de nous faire participer aux bienfaits de cette sainte liberté que Jésus-Christ a scellée de son sang!

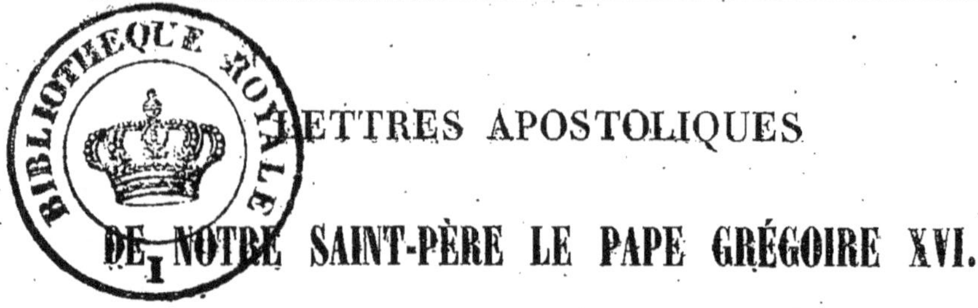

LETTRES APOSTOLIQUES

DE NOTRE SAINT-PÈRE LE PAPE GRÉGOIRE XVI.

—

SANCTISSIMI DOMINI NOSTRI GREGORII DIVINA PROVIDENTIA PAPÆ XVI LITTERÆ APOSTOLICÆ DE NIGRITARUM COMMERCIO NON EXERCENDO.

GREGORIUS, PP. XVI.

Ad futuram rei memoriam.

In supremo apostolatus fastigio constituti, et nullis licet suffragantibus meritis gerentes vicem Jesu Christi, Dei filii, qui propter nimiam caritatem suam homo factus mori etiam pro mundi redemptione dignatus est, ad nostram pastoralem sollicitudinem pertinere animadvertimus, ut fideles ab inhumano Nigritarum seu aliorum quorumcumque hominum mercatu avertere penitus studeamus.

Sane cum primum diffundi cœpit Evangelii lux, senserunt allevari plurimum apud christianos conditionem suam miseri illi, qui tanto tunc numero bellorum præsertim occasione in servitutem durissimam deveniebant. Inspirati enim a divino spiritu

GRÉGOIRE, PP. XVI.

Ad futuram rei memoriam.

Placé au sommet de l'apostolat, et tenant sans aucun mérite de notre part la place de Jésus-Christ, Fils de Dieu, qui, fait homme par son extrême charité, a voulu même mourir pour la rédemption du monde, nous avons cru qu'il appartenait à notre sollicitude pastorale de nous appliquer à détourner tout à fait les fidèles du commerce inhumain des Nègres ou de toute autre espèce d'hommes.

Lorsque la lumière de l'Évangile commença pour la première fois à se répandre, les malheureux qui étaient alors réduits en si grand nombre dans une très dure servitude, surtout à l'occasion des guerres, sentirent leur condition s'adoucir beaucoup chez

apostoli servos quidem ipsos docebant obedire dominis carnalibus sicut Christo et facere voluntatem Dei ex animo; dominis vero præcipiebant ut bene erga servos agerent, et quod justum est et æquum eis præstarent, *ac remitterent minas,* scientes quia illorum et ipsorum Dominus est in cœlis, et personarum acceptio non est apud eum.

Universim vero cum sincera erga omnes caritas evangelii lege summopere commendaretur, et Christus Dominus declarasset habiturum se tanquam factum aut denegatum sibi ipsi quidquid benignitatis et misericordiæ minimis et indigentibus præstitum aut negatum fuisset, facile inde contigit nedum ut christiani servos suos præsertim christianos veluti fratrum loco haberent, sed etiam ut proniores essent ad illos qui mererentur libertate donandos, quod quidem occasione imprimis paschalium solemnium fieri consuevisse indicat Gregorius Nyssenus. Nec defuerunt qui ardentiore caritate excitati *se ipsos in vincula conjecerunt, ut alios redimerent;* quorum multos se novisse testatur apostolicus vir idemque sanctissimæ recor-

les chrétiens; car les apôtres, inspirés par l'Esprit saint, enseignaient à la vérité aux esclaves à obéir à leurs maîtres temporels comme à Jésus-Christ, et à faire de bon cœur la volonté de Dieu; mais ils ordonnaient aux maîtres d'en bien agir avec leurs esclaves, de leur accorder tout ce qui était juste et équitable, et de *s'abstenir de menaces à leur égard,* sachant que les uns et les autres ont un maître dans les cieux, et qu'il n'y a pas auprès de lui acception des personnes.

Comme la loi de l'Évangile recommandait partout avec grand soin une charité sincère pour tous, et comme notre Seigneur Jésus - Christ avait déclaré qu'il regarderait comme fait ou refusé à lui-même les œuvres de bonté et de miséricorde qui auraient été faites ou refusées aux petits et aux pauvres, il en résulta naturellement, non seulement que les chrétiens traitaient comme des frères leurs esclaves, ceux surtout qui étaient chrétiens, mais qu'ils étaient plus disposés à accorder la liberté à ceux qui le méritaient; ce qui avait coutume de se faire principalement à l'occasion des solennités pascales, comme l'indique Grégoire de Nysse. Il y en eut même qui, mus par une charité plus ardente, *se mirent en esclavage pour racheter les au-*

dationis præcessor noster Clemens I.

Igitur progressu temporis ethnicarum superstitionum caligine plenius dissipata, et rudiorum quoque populorum moribus fidei per caritatem operantis beneficio mitigatis, res eo tandem devenit ut jam a pluribus sæculis nulli apud plurimas christianorum gentes servi habeantur. Verum, dolentes admodum dicimus, fuerunt subinde ex ipso fidelium numero qui *sordidioris lucri cupidine turpiter obcœcati* in dissitis remotisque terris *Indos, nigritas, miserosve alios* in servitutem, redigere, seu instituto ampliatoque commercio eorum qui captivi facti ab aliis fuerant, indignum horum fascinus juvare non dubitarent. Haud sane prætermiserunt plures gloriosæ memoriæ Romani pontifices præcessores nostri reprehendere graviter pro suo munere illorum rationem, utpote spirituali ipsorum saluti noxiam, et christiano nomini probrosam ; ex qua etiam illud consequi prævidebant, ut infidelium gentes ad veram nostram religionem odio habendam magis magisque obfirmarentur.

tres, et un homme apostolique, notre prédécesseur, Clément Ier, de sainte mémoire, atteste qu'il en a connu plusieurs.

Dans la suite des temps, les ténèbres des superstitions païennes s'étant plus pleinement dissipées, et les mœurs des peuples grossiers s'étant adoucies par le bienfait de la foi qui opère par la charité, il arriva enfin que, depuis plusieurs siècles, il ne se trouvait plus d'esclaves dans la plupart des nations chrétiennes. Mais, nous le disons avec douleur, il y en eut depuis, parmi les fidèles même, qui, *honteusement aveuglés par l'appat d'un gain sordide, ne craignirent point de réduire en servitude,* dans des contrées lointaines, *les Indiens, les Nègres ou autres malheureux,* ou bien de favoriser cet indigne attentat en établissant et en étendant le commerce de ceux qui avaient été faits captifs par d'autres. Plusieurs pontifes romains, nos prédécesseurs de glorieuse mémoire, n'omirent point de blâmer fortement, suivant leur devoir, une conduite si dangereuse pour le salut spirituel de ces hommes et si injurieuse au nom chrétien, conduite de laquelle ils voyaient naître ce résultat, que les nations infidèles étaient de plus en plus confirmées dans la haine de notre religion véritable.

Quæ spectant apostolicæ litteræ Pauli III, die 29 maii 1537, sub piscatoris annulo datæ ad cardinalem archiepiscopum Toletanum, et aliæ deinceps eisdem ampliores ab Urbano VIII, datæ die 22 aprilis 1639, ad collectorem jurium cameræ apostolicæ in Portugallia; quibus in litteris ii nominatim gravissime coercentur, qui Occidentales aut Méridionales Indos *in servitutem redigere, vendere, emere, commutare, vel donare, ab uxoribus et filiis suis separare, rebus et bonis suis spoliare, ad alia loca deducere et transmittere, aut quoquo modo libertate privare, in servitute retinere, nec non prædicta agentibus consilium, auxilium, favorem, et operam quocumque prætextu, et quæsito colore. Præstare, aut id licitum prædicare, seu docere, ac alias quomodolibet præmissis cooperari* auderent, seu præsumerent. Has memoratorum pontificum sanctiones confirmavit postmodum et renovavit Benedictus XIV, novis apostolicis litteris ad antistites Brasiliæ et aliarum quarumdam regionum, datis die 20 décembris 1741, quibus eumdem in finem ipsorum præsulum sollicitudinem excitavit. Antea quoque alius his antiquior præcessor noster Pius II, quam sua ætate Lusitanorum imperium in Guineam Nigritarum regionem proferretur, litteras

C'est pour cela que Paul III adressa, le 29 mai 1537, au cardinal archevêque de Tolède, des lettres apostoliques sous l'anneau du Pêcheur, et qu'Urbain VIII en adressa ensuite de plus étendues, le 22 avril 1639, au collecteur des droits de la chambre apostolique en Portugal. Dans ces lettres, ceux-là surtout sont gravement réprimandés, qui « présumeraient et ose- « raient réduire en servitude « les Indiens d'occident ou « du midi, les vendre, les « acheter, les échanger, les « donner, les séparer de leurs « épouses et de leurs enfants, « les dépouiller de ce qu'ils « avaient et de leurs biens, « les transporter en d'autres « lieux, les priver de leur li- « berté en quelque manière « que ce soit, les retenir en « esclavage ; comme aussi « conseiller, sous un prétexte « quelconque, de secourir, de « favoriser et d'assister ceux « qui font ces choses, ou dire « et enseigner que cela est « permis, ou coopérer en « quelque manière à ce qui « est marqué ci-dessus. » Benoît XIV confirma et renouvela depuis les prescriptions de ces pontifes par de nouvelles lettres apostoliques, adressées le 20 décembre 1741 aux évêques du Brésil et d'autres pays, et par lesquelles il excitait la sollicitude de ces prélats dans le même but.

dedit die 7 octobris 1462, ad episcopum Rubicensem eo profecturum; in quibus nedum antistiti ipsi opportunas ad sacrum ministerium inibi cum majori fructu exercendum facultates impertitus fuit, sed eadem occasione graviter in christianos illos animadvertit, qui neophytos in servitutem abstrahebant. Et nostris etiam temporibus Pius VII, eodem, quo sui præcessores, religionis et caritatis spiritu inductus, officia sua apud potentes viros sedulo interposuit, ut Nigritarum commercium tandem inter christianos omnino cessaret. Hæc quidem præcessorum nostrorum sanctiones et curæ profuerunt, Deo bene juvante, non parum Indis aliisque prædictis a crudelitate invadentium, seu a mercatorum christianorum cupiditate tutandis : non ita tamen ut sancta hæc sedes de pleno suorum in id studiorum exitu lætari posset ; quum imò commercium Nigritarum, etsi nonnulla ex parte imminutum, adhuc tamen a christianis pluribus exerceatur.

Avant eux, un autre de nos prédécesseurs, Pie II, dans un temps où la domination portugaise s'étendait dans la Guinée, pays des Nègres, adressa le 7 octobre 1462 un bref à l'évêque de R. (1), qui allait partir pour ce pays, bref dans lequel non seulement il donnait à cet évêque les pouvoirs nécessaires pour exercer son ministère avec plus de fruit, mais, par la même occasion, s'élevait avec force contre les chrétiens qui entraînaient les néophytes en servitude. Et de nos jours même, Pie VII, conduit par le même esprit de religion et de charité que ses prédécesseurs, prit soin d'interposer ses bons offices auprès de puissants personnages pour que la traite des Nègres cessât enfin tout à fait parmi les chrétiens. Ces prescriptions et ces soins de nos prédécesseurs n'ont pas été peu utiles, avec l'aide de Dieu, pour défendre les Indiens et les autres ci-dessus désignés contre la cruauté des conquérants ou contre la cupidité des marchands chrétiens ; non cependant que le Saint-Siége ait pu se réjouir plei-

---

(1) Il y a dans le texte *Rubicensem*. Il n'y a pas en Portugal de siége auquel ce nom puisse s'appliquer, Peut-être cet évêque était-il *in partibus infidelium*. Un journal a cru que ce pouvait être l'évêque de Ruvo ; cela n'est pas vraisemblable. Ruvo est dans le royaume de Naples, qui n'avait pas de rapports avec le Portugal. D'ailleurs le nom latin de l'évêque de Ruvo est *Rubensis*, et l'évêque désigné dans les *lettres apostoliques* du 3 décembre est appelé *Rubicensis*.

Quare nos tantum hujusmodi probrum a cunctis christianorum finibus avertere cupientes, ac re universa, nonnullis etiam venerabilibus fratribus nòstris S. R. E. cardinalibus in consilium adhibitis, mature perpensa, præcessorum nostrorum insistentes vestigiis, auctoritate apostolica omnes cujuscumque conditionis christifideles admonemus et obtestamur in Domino vehementer, *ne quis audeat in posterum Indos, Nigritas, seu alios hujusmodi homines injuste vexare, aut spoliare suis bonis, aut in servitutem redigere, vel aliis talia in eos patrantibus auxilium aut favorem præstare; seu exercere, inhumanum illud commercium, quo Nigritæ, tanquam si non homines sed pura putaque animantia forent, in servitutem utcumque redacti, sine ullo discrimine, contra justitiæ et humanitatis jura, emuntur, venduntur, ac durissimis interdum laboribus exaltandis devoventur*, et insuper lucri spe primis Nigritarum occupatoribus per commercium idem proposita, dissidia etiam et perpetua quodammodo in illorum regionibus prælia foventur.

nement du résultat de ses efforts dans ce but, puisque la traite des noirs, quoique diminuée en quelque partie, est cependant encore exercée par plusieurs chrétiens.

Aussi, voulant éloigner un si grand opprobre de tous les pays chrétiens, après avoir mûrement examiné la chose avec quelques-uns de nos vénérables frères les cardinaux de la sainte Eglise romaine appelés en conseil, marchant sur les traces de nos prédécesseurs, nous avertissons par l'autorité apostolique et nous conjurons instamment dans le Seigneur tous les fidèles, de quelque condition que ce soit, qu'au*cun d'eux n'ose à l'avenir tourmenter injustement les Indiens, les Nègres ou autres semblables, ou les dépouiller de leurs biens, ou les réduire en servitude, ou assister ou favoriser ceux qui se permettent ces violences à leur égard, ou exercer ce commerce inhumain par lequel les Nègres, comme si ce n'étaient pas des hommes, mais de simples animaux, réduits en servitude de quelque manière que ce soit, sont,* sans aucune distinction et contre les droits de la justice et de l'humanité, *achetés, vendus et voués quelquefois aux travaux les plus durs,* et de plus, par l'appât du gain offert par ce même commerce aux premiers qui enlèvent les Nègres, des que-

Enimvero *nos prædicta omnia tanquam christiano nomine prorsus indigna* auctoritate apostolica reprobamus; eademque auctoritate districte prohibemus atque interdicimus, ne quis ecclesiasticus aut laicus ipsum illud Nigritarum commercium veluti licitum sub quovis obtentu aut quæsito colore tueri, aut aliter contra ea, quæ nostris hisce apostolicis litteris monuimus, prædicare seu quomodolibet publice vel privatim docere præsumat.

Ut autem eædem hæ nostræ litteræ omnibus facilius innotescant, nec quisquam illarum iguorantiam allegare possit, decernimus et mandamus illas ad valvas basilicæ principis apostolorum, et cancellariæ apostolicæ, nec non curiæ generalis in monte Citorio, ac in acie campi Floræ de urbe per aliquem ex cursoribus nostris, ut moris est, publicari, illarumque exempla ibidem affixa relinqui.

Datum Romæ apud S. Mariam Majorem, sub annulo Piscatoris, die 3 decembris 1839, pontificatus nostris anno nono.

Aloysius Lambruschini, cardinalis.

relles et des guerres perpétuelles sont excitées dans leur pays.

De l'autorité apostolique, *nous réprouvons tout cela comme indigne du nom chrétien*, et par la même autorité, *nous défendons sévèrement qu'aucun ecclésiastique ou laïque ose soutenir ce commerce des Nègres*, sous quelque prétexte ou couleur que ce soit, ou prêcher ou enseigner en public et en particulier contre les avis que nous donnons dans ces lettres apostoliques.

Et afin que ces lettres parviennent plus facilement à la connaissance de tous et que personne ne puisse alléguer qu'il les ignore, nous ordonnons qu'elles soient publiées, suivant l'usage, par un de nos *courriers*, aux portes de la basilique du prince des apôtres, de la chancellerie apostolique et de la Cour générale, sur le mont *Citorio*, et à la tête du Champ-de-Flore, et que les exemplaires y restent affichés.

Donné à Rome, près Sainte-Marie Majeure, sous l'anneau du Pêcheur, le 3 décembre 1839, neuvième année du notre pontificat.

Louis Lambruschini, cardinal.

Die quinta dicti mensis et anni suprascriptæ apostolicæ litteræ affixæ, et publicatæ fuerunt ad valvas Basilicæ principis apostolorum, et cancellariæ apostolicæ, nec non curiæ generalis in monte Citorio, et in acie campi Floræ ac in aliis locis solitis, et consuetis urbis, per me Aloysium Pittori, apostolicum cursorem.

JOSEPH CHERUBINI.

Ces lettres apostoliques furent affichées aux portes de la Basilique du prince des apôtres, de la chancellerie apostolique et de la cour générale du mont Citorio et à la tête du Champ-de-Mars, le cinquième du mois susdit de la même année, ainsi que dans tous les autres lieux accoutumés, par moi Louis Pittori, courrier apostolique.

JOSEPH CHERUBINI.

9 782012 862340